CONGRÈS DE LA PROPRIÉTÉ BATIE DE FRANCE

LYON 1894

SECTION V

VENTE D'IMMEUBLES

Droits de Mutation

Procédure en matière immobilière; Partage et Vente amiables

Réduction des frais

RAPPORT

PAR

M. P. DE BOULONGNE

Avocat à la Cour d'appel de Paris.

LYON

IMPRIMERIE DU SALUT PUBLIC

71, Rue Molière, 71

1894

VENTE D'IMMEUBLES

Droits de Mutation. — Procédure en matière immobilière. — Partage et vente amiables. — Réduction des frais.

Les diverses procédures concernant la vente des immeubles ont été souvent critiquées, au double point de vue des frais qu'elles entraînent et des délais qu'elles nécessitent pour être menées à fin.

Plusieurs projets de loi spéciaux ont été présentés dans le courant des années 1893 et 1894, dans le but de remédier à l'un et à l'autre de ces inconvénients.

Dans la proposition qu'il a déposée le 8 février 1894, M. Burdeau cherche à atteindre ce résultat en diminuant directement les droits de mutation portant sur les transmissions, à titre onéreux, de propriétés immobilières.

Un autre projet, celui de MM. Georges Leygues, Dupuis-Dutemps et Brisson, a pour but de supprimer certaines procédures spéciales par une modification du régime hypothécaire.

Enfin, M. Bovier-Lapierre a, le 15 décembre 1893, proposé de modifier d'une façon complète les formalités relatives au partage et à la vente des biens appartenant aux mineurs et interdits.

La proposition très importante de M. Burdeau est destinée, dans l'esprit de son auteur à compléter les dispositions déjà en vigueur contenues dans les lois du 23 octobre 1884 et des 26 janvier 1892 et 28 avril 1893.

La loi du 23 octobre 1884 avait décidé que, dans les ventes d'immeubles dont le prix d'adjudication serait inférieur à 2.000 francs, les sommes payées au Trésor, comme droits d'enregistrement, de timbre, de greffe et d'hypothèque, seraient restituées et que, de plus, lorsque le prix d'adjudication n'atteindrait pas 1.000 francs, les divers agents de la loi subiraient, sur les émoluments alloués par la taxe, une réduction du quart.

La loi du 26 janvier 1892 a fait disparaître les droits de greffe et a supprimé ou réduit un certain nombre de droits fixes, de timbre et d'enregistrement sur les actes de procédure et les jugements, de façon à diminuer les frais afférents aux affaires d'un chiffre peu élevé, lourdement atteintes par la multiplicité des droits fixes.

La loi du 28 avril 1893 a supprimé les droits gradués et réduit le nombre et le taux des droits fixes applicables à certains actes.

M. Burdeau, dans son exposé des motifs, explique que, se plaçant à un point de vue différent, il veut faciliter les mutations immobilières, à titre onéreux, en abaissant le tarif qui les frappe ; mais au lieu de multiplier les dégrèvements peu importants sur un grand nombre de points, l'auteur du projet entend concentrer l'effort sur le droit même de mutation, espérant ainsi produire une décharge importante donnant des effets sérieux.

Seulement, et c'est un des principaux caractères du projet, le dégrèvement très important pour les immeubles ruraux est extrêmement faible en ce qui concerne les propriétés urbaines.

Il suffit, pour le montrer, d'indiquer les chiffres mentionnés au projet.

Actuellement, les ventes d'immeubles sont soumises au droit de 5,50 0/0 qui, avec les décimes, s'élève à 6,88 0/0. Les mutations d'immeubles ruraux ne paient plus, d'après le projet, que 3,75 0/0 pour les ventes et soultes d'échange et 3 0/0 pour les licitations et retours de partage.

Les décimes sont supprimés.

La réduction est donc au total environ de moitié.

Pour les immeubles urbains, les décimes sont également supprimés, mais le droit est, en ce qui les concerne, porté à 6 fr. 50, de telle sorte qu'ils ne bénéficient que d'une réduction de 0,38.

L'auteur du projet justifie la différence de traitement entre les deux catégories de propriétés, en invoquant la crise actuelle que subit la propriété rurale, comparée à la situation prospère des immeubles urbains et à la plus value considérable dont cette dernière a profité dans les grands centres.

Cette question de la réduction des droits de mutation n'est pas seule visée par le projet.

La seconde partie de la proposition contient deux dispositions souvent réclamées : la déduction du passif pour la liquidation des droits de succession et une modification dans le calcul du droit proportionnel d'enregistrement en matière de mutation de nues propriétés et d'usufruits.

La première de ces deux dispositions s'explique d'elle-même. Elle a pour but d'empêcher que les héritiers d'une personne décédée ne paient les droits de succession sur l'actif brut sans déduction des dettes.

La seconde a été imaginée pour remédier aux injustices qui résultent de ce fait que, pour un même objet, l'usufruit et la nue propriété transmis séparément paient des droits plus élevés que ceux qui seraient dus en cas de cession de la pleine propriété.

L'usufruit, en effet, dans l'état actuel de la législation, est, à quelque époque qu'il soit transmis, évalué, pour le calcul des droits, à la moitié de la pleine propriété; quant à la nue propriété, lors de la première acquisition, elle donne lieu à la perception du droit sur la pleine propriété, les transmissions suivantes entraînant le versement du droit liquidé sur la moitié de la valeur totale.

On voit, qu'indépendamment de l'injustice qui consiste à faire payer à la nue propriété et à l'usufruit transmis séparément une fois et demie es droits qui seraient perçus sur la pleine propriété, l'état de choses actuel oblige l'acquéreur de la nue propriété à faire l'avance de sommes élevées, sans avoir la jouissance de l'objet et sans qu'on ait égard à la durée probable de l'usufruit.

Le projet, se basant sur les moyennes établies par les Compagnies d'assurances sur la vie, propose de mettre en application deux échelles permettant, suivant l'âge de l'usufruitier, de tenir compte, lors des mutations, de la valeur relative soit de la nue propriété, soit de l'usufruit.

Ces différentes réformes constitueraient très certainement une amélioration sérieuse au point de vue des transmissions de biens. On pourrait seulement reprocher aux taxes proposées, pour remplacer les dégrèvements qu'elles entraîneront, d'apporter une surcharge au préjudice de la propriété urbaine et d'une catégorie d'immeubles urbains.

Ces taxes sont les suivantes :

1° Substitution de la valeur vénale au revenu comme base de la perception des droits de mutation par décès ;

2° Relèvement des tarifs en matière de successions et de donations entre vifs ; mesures spéciales destinées à assurer, d'une façon plus complète, le paiement des droits de succession sur les titres des sociétés, départements, communes et établissements publics ; application de l'impôt de mutation par décès en Algérie et assimilation à la Métropole en ce qui concerne le tarif des donations entre vifs ;

3° Elévation de 4 à 8 0/0 de la taxe sur le montant des lots attribués aux valeurs mobilières ;

4° Substitution du tarif de 3 0/0 au tarif de 2 0/0 applicable aux transmissions de meubles à titre onéreux ;

5° Remaniement du droit de timbre des quittances et chèques.

Les deux premières taxes sont les plus importantes et atteignent 65 millions.

Les articles suivants ne donneraient pas un rendement de plus de 15 millions.

Si l'on compare ces chiffres à ceux obtenus par les dégrèvements, on est frappé de ces deux faits :

1° La propriété urbaine est surchargée ;

2° Les propriétés rurales, ne rapportant aucun revenu, le sont également.

Le premier point est certain.

En effet, sur les 46 millions de dégrèvement, résultant, pour les transmissions à titre onéreux, de la première partie du projet, 3 millions, au maximum, profitent à la propriété urbaine.

Or, l'augmentation des droits de mutation par décès et donations s'élève à 65 millions.

La part revenant aux immeubles urbains dans ce dernier chiffre sera certainement bien supérieure à 3 millions, les propriétés urbaines entrant évidemment pour plus de 1/20 dans l'ensemble des donations et successions. Leur valeur sera, par suite, majorée dans une proportion assez importante.

Le projet impose, en second lieu, une charge très lourde à certaines propriétés rurales dont les revenus sont très faibles, puisqu'il substitue, pour le calcul des droits de mutation par décès, la valeur vénale à la valeur calculée sur le revenu. Il sera, d'ailleurs, extrêmement difficile de déterminer la valeur sans tenir compte du revenu qui, maintenant plus que jamais, est la véritable mesure de la fortune. On peut dire notamment, pour les propriétés d'agrément, que la valeur vénale dépend des circonstances et est presque impossible à fixer d'une façon précise.

Les auteurs du projet ayant pour but de permettre la suppression de certaines procédures spéciales à la vente des immeubles cherchent à atteindre ce résultat par un procédé qui doit avoir également pour conséquence de faciliter la transmission des propriétés, indépendamment de la question de réduction des frais.

Actuellement, les hypothèques conventionnelles et judiciaires, et certains actes de transmission, sont seuls assujettis à la formalité, soit de l'inscription, soit de la transcription sur les registres hypothécaires.

L'acquéreur d'un immeuble ne peut donc payer son prix sans avoir rempli les formalités de la purge des hypothèques inscrites et légales, et cette double procédure est impuissante à dégager la propriété des actions résolutoires, en révocation de donation ou autres, qui continuent nécessairement à menacer l'acquéreur même après complète régularisation de son acquisition.

De même aussi, le créancier hypothécaire, qui a traité avec son débiteur dans l'ignorance de son état-civil que celui-ci lui a volontairement dissimulé, peut se trouver primé par des hypothèques occultes qui rendent, lors de la réalisation, son gage illusoire.

Le projet soumis à la Chambre part de ce principe qu'il ne pourra exister aucun déplacement de propriété, aucune acquisition de droit quelconque sur un immeuble, sans une transcription correspondante sur les registres hypothécaires.

En ce qui concerne les inscriptions de privilèges et hypothèques, les modifications au système actuel seraient les suivantes :

Le privilège du vendeur n'existerait qu'à la condition d'une inscription qui devrait être prise sans indication de délai ;

Le privilège de co-partageant pour les soultes et retours de lots serait assujetti à la même règle ;

Le privilège pour la garantie des lots est supprimé et remplacé par une hypothèque conventionnelle, susceptible d'intervenir comme clause de partage ;

L'inscription de privilège de séparation de patrimoine ne pourrait plus être prise que pendant un délai de trois mois au lieu de six ;

Le privilège des entrepreneurs et architectes est supprimé ;

Le privilège de l'Etat pour les condamnations judiciaires ne prendrait plus date que du jour de l'inscription, et celui qui frappe les biens des comptables serait remplacé par une hypothèque devant, à peine de nullité, être inscrite, et ne portant que sur les immeubles appartenant aux comptables lors de leur entrée en fonctions.

Le projet modifie également le régime des hypothèques légales.

Actuellement, les immeubles ne peuvent être dégagés des hypothèques occultes qui portent sur eux, hypothèques des mineurs sur les biens de leurs tuteurs, des femmes mariées sur les biens de leur mari, de l'Etat sur ceux des comptables de deniers publics, qu'à la suite de la procédure de purge, qui consiste dans des notifications adressées au procureur de la République, ainsi qu'aux différentes personnes susceptibles de requérir l'inscription.

Dans le système proposé à la Chambre, les hypothèques légales devront être nécessairement inscrites et cesseront d'être occultes. Leur étendue sera, de plus, modifiée dans des conditions qui seront examinées dans un instant.

La conséquence de cette réforme sera de supprimer la procédure de purge des hypothèques légales, puisque seules les hypothèques inscrites au moment de la vente pourraient produire leur effet.

L'hypothèque judiciaire est supprimée ou, pour mieux dire, transformée, afin de faire disparaître l'inégalité qu'elle crée dans sa forme actuelle entre les divers créanciers.

Désormais, tout créancier porteur d'un titre exécutoire pourra bien prendre inscription sur les biens de son débiteur, mais l'inscription ainsi prise profitera à la masse des créanciers existant à cette date, sans créer de préférence au profit de celui qui la requiert. L'hypothèque inscrite dans ces conditions ne durera que deux ans, et au bout de ce temps elle cessera de frapper les biens redevenus libres.

Le projet concerne également les ouvertures de crédit et propose la création de cédules hypothécaires, effets négociables créés au fur et à mesure de la réalisation du crédit accordé et négociables par endossement, chaque porteur pouvant, par une notification au conservateur des hypothèques, empêcher que main-levée ne soit consentie de l'hypothèque donnée comme garantie de l'ouverture de crédit.

Enfin, la nécessité de renouveler les inscriptions tous les 10 ans est supprimée, et, dès lors, la validité de l'inscription dure autant que le droit lui-même, c'est-à-dire 30 ans.

Telles sont les grandes lignes du projet de MM. Dupuy-Dutemps, Georges Leygues et Brisson.

Pour compléter le résumé qui vient d'en être donné, il est nécessaire de revenir sur les dispositions concernant spécialement les hypothèques légales.

Au moment où s'ouvrira la tutelle des mineurs ou interdits, le conseil de famille désignera les immeubles que devra frapper l'hypothèque et fixera la somme à concurrence de laquelle l'inscription sera prise. Cette somme ne pourra être inférieure à 3 années des revenus du mineur.

Les auteurs du projet estiment que cette garantie sera suffisante. Cela n'est peut-être pas absolument exact en ce qui concerne les biens meubles. L'exposé des motifs dit bien que, pour compléter les dispositions déjà existantes et concernant les valeurs de bourse, il suffirait de prescrire que tout capital dû au mineur devrait être versé dans les caisses publiques, pour être employé conformément aux indications du conseil, mais il faudrait alors, pour qu'une pareille mesure ait une efficacité certaine et puisse compenser la réduction de l'hypothèque légale, que le versement opéré par le débiteur lui-même dans la caisse publique soit une condition nécessaire de sa libération ; dans le cas contraire, rien n'assurerait la régularité de l'opération.

C'est le juge de paix qui, aux termes du projet, serait tenu de requérir l'inscription.

L'hypothèque légale de la femme mariée sur les biens de son mari est au moins aussi dangereuse pour les créanciers que celle des mineurs. Actuellement, aux termes de la loi du 23 mars 1855, elle doit être inscrite dans l'année qui suit la dissolution du mariage, mais jusqu'à cette époque les tiers n'ont aucun moyen de s'assurer de l'existence même du mariage et l'examen du contrat du mariage, s'il leur est présenté, ne les met pas à même d'apprécier l'étendue des créances que la femme pourra avoir contre son mari au moment de la liquidation.

Pour remédier à cet état de choses, les auteurs du projet proposent deux moyens :

Le premier consiste dans l'établissement d'un casier civil dont les feuillets correspondraient aux actes de naissance et dont les maires, procureurs de la République et juges de paix, devraient assurer la tenue régulière en prévenant le maire du lieu de naissance des personnes dont l'état civil aurait été modifié soit devant un officier de l'état civil, soit devant un tribunal.

Le deuxième moyen réside dans l'obligation d'inscrire l'hypothèque de la femme, soit au moment même du contrat de mariage, soit à l'événement de chacune des causes qui lui donnent naissance.

L'hypothèque ne prendra ainsi rang qu'à sa date.

Ce deuxième moyen parait rendre superflu le premier.

Peu importe, en effet, à un créancier de savoir que le débiteur avec lequel il traite est marié ou non, puisque désormais l'hypothèque légale ne peut primer celle qui lui est consentie, à moins qu'elle ne soit antérieure en date et déjà inscrite. L'examen de l'état hypothécaire semble suffisant et le casier civil ne serait utile que si l'on maintenait la législation actuelle.

On peut reprocher à ce système d'exposer la femme, soit par ignorance, soit en cédant aux instances de son mari, à ne pas prendre inscription en temps utile au cours du mariage.

Les auteurs du projet remédient en partie à cet inconvénient de la façon suivante : Lors du contrat de mariage, c'est le notaire qui devra agir.

Si, au cours du mariage, des tiers débiteurs de la femme lui versent une somme quelconque, ils devront requérir eux-mêmes inscription sur les biens du mari.

Quant aux autres causes de créances, elles seront garanties par une inscription prise soit par la femme elle-même, soit par ses parents jusqu'au troisième degré ou par le procureur de la République.

Enfin, le simple concours de la femme à une quittance dispensera les tiers de l'inscription, si elle est apte à donner main-levée de son hypothèque légale.

Tel est l'ensemble du projet. On voit que son but principal est de supprimer l'incertitude qu'entraînent les hypothèques occultes, et qu'accessoirement la conséquence de ce système amène la suppression de la purge des hypothèques légales.

Le projet de loi de M. Bovier-Lapierre, déposé le 15 décembre 1893, concerne les formalités relatives aux partages dans lesquels sont intéressés des mineurs ainsi qu'aux ventes d'immeubles leur appartenant.

Il modifie les articles 457, 458, 459 et 466 du Code Civil, ainsi que l'article 1er de la loi du 23 octobre 1884.

Les articles 457, 458, 459 actuels prévoient l'hypothèse où, pour un motif d'urgence, le tuteur croit devoir emprunter pour le mineur, ou vendre, ou hypothéquer un immeuble qui est sa propriété.

Il doit, dans ce cas, obtenir l'autorisation du Conseil de famille, la délibération qui intervient est soumise à l'homologation du tribunal et, s'il s'agit de vendre un immeuble, la vente est faite publiquement devant le tribunal ou devant un notaire commis à cet effet. Préalablement à la mise en vente, des publications légales, strictement déterminées, doivent être faites pour assurer la présence des acquéreurs.

M. Bovier-Lapierre propose de réduire ces formalités de la façon suivante : Le conseil de famille pourrait autoriser la vente amiable. L'acte de vente passé par le tuteur serait soumis à son approbation et la délibération prise par le conseil serait présentée à l'homologation du tribunal.

Si le tribunal refusait l'homologation, la vente aurait lieu dans les formes actuelles.

L'article 466 du Code décide que le partage dans lequel est intéressé un mineur doit toujours être fait en justice et précédé d'une estimation par experts commis et ayant prêté serment, chargés de former les lots. Le tirage a lieu devant un membre du tribunal ou devant un notaire commis.

Le projet autorise le partage amiable dans les mêmes conditions que la vente amiable.

Si l'homologation de la délibération du conseil est accordée, le tirage au sort est fait par le juge de paix ou un notaire commis par le tribunal.

Si le tribunal croit devoir refuser l'homologation, le partage a lieu judiciairement.

Deux dispositions complètent le projet : Les jugements rendus à l'occasion des ventes ou partages seront en dernier ressort.

Les dégrèvements, dont profitent actuellement les adjudications inférieures à 2,000 fr., seront étendus à celles dont le chiffre ne dépassera pas 5,000 fr., lorsque les immeubles appartiendront en tout ou en partie à des mineurs.

La partie principale du projet consiste, comme on le voit, dans la suppression du partage et de la vente judiciaires pour les biens de mineurs et dans leur remplacement par des actes en opérations amiables soumises à homologation.

On doit se demander si de pareilles dispositions n'offrent pas un danger très sérieux pour les mineurs, et si les précautions destinées à remplacer la publicité spéciale et la garantie de l'adjudication publique, ainsi que l'intervention des experts, sont efficaces pour sauvegarder leurs intérêts.

On fera valoir, en faveur du projet, qu'en premier lieu, pour les ventes, le conseil de famille est appelé à délibérer et qu'un jugement d'homologation doit être rendu sur l'avis motivé du juge de paix ;

Qu'en deuxième lieu, pour les partages, le conseil de famille intervient également, que sa décision est soumise au tribunal et que le tirage au sort est fait par le juge de paix ou par un notaire commis par le tribunal.

On dira, en conséquence, que le contrôle des opérations du tuteur est organisé d'une façon très efficace.

Ce contrôle sera cependant, en pratique, absolument illusoire. On remplace, dans la vente, la garantie de la publicité et de l'adjudication par un examen des conditions de l'acte opéré par le conseil de famille et suivi d'homologation. Rien ne prouve que le conseil sera à même d'apprécier la légitimité du prix de vente proposé par le tuteur. Les membres qui le composent peuvent ne pas habiter le pays même où se trouve l'immeuble et, en tout cas, rien ne dit qu'ils auront sur la question la compétence voulue, ni qu'ils apporteront à leur examen tout le soin nécessaire.

D'ailleurs, les offres d'achat dépendront absolument de la publicité faite par le tuteur, qui ne sera désormais soumis à aucune règle à ce sujet, et les acquéreurs ne seront pas attirés, comme ils le sont actuellement, par une mise à prix faible.

On peut donc admettre comme évident que, sans que le tuteur ait été de mauvaise foi, sans que le Conseil de famille ait commis une négligence coupable, la perte réalisée par le mineur dépassera souvent le montant des frais actuels de mise en vente judiciaire, au moins en ce qui concerne les immeubles d'une certaine importance. Ces frais sont, au surplus, constitués en grande partie par la publicité indispensable aussi bien dans une vente amiable que dans une vente judiciaire.

Ainsi le contrôle du Conseil de famille sera certainement insuffisant pour assurer la sauvegarde des intérêts des mineurs.

L'intervention du Tribunal sera-t-elle susceptible de combler la lacune existante et pourra-t-elle donner à la vente la garantie indispensable ?

Evidemment non : le Tribunal est moins à même que le Conseil de famille lui-même d'apprécier la valeur de la propriété mise en vente. Il ne pourra, au point de vue de son estimation, que s'en rapporter aux indications qui lui seront données par le Conseil, à moins qu'une mauvaise foi évidente ou une inexactitude flagrante n'apparaisse dans les documents mis sous ses yeux.

Le Tribunal se trouvera exactement dans la situation où il serait, s'il avait à se prononcer sur l'exactitude des constatations de faits opérés par des experts ne présentant aucune garantie certaine d'honorabilité et de compétence.

Ces observations, concernant la vente, s'appliquent également au partage, avec cette différence toutefois que le danger est plus grand encore, le mineur devant se trouver en présence de co-partageants ayant des intérêts contraires aux siens et maîtres presque absolus de la situation, si le tuteur ne défend pas rigoureusement les intérêts de son pupille.

L'intervention éventuelle d'un tiers, susceptible en cas de vente de faire une offre plus avantageuse que celle présentée par le tuteur, n'existe pas non plus dans le partage, qui peut s'effectuer sans contrôle efficace.

Le système proposé aboutit donc, en définitive, à supprimer la protection des mineurs.

On peut, par suite, affirmer en principe que la loi serait mauvaise, car il est hors de doute que leur situation doit de toute nécessité être sauvegardée. L'auteur du projet est d'ailleurs le premier à l'admettre puisque, dans sa pensée, son projet a pour but d'assurer cette protection, tout en supprimant ce qu'il estime être des entraves et des frais inutiles et préjudiciables.

Est-il au moins exact de dire que le résultat serait bien de supprimer ces entraves et ces frais ?

Il est permis d'en douter, étant donnés les termes mêmes du projet, tel qu'il a été déposé le 15 décembre 1893.

La vente comme le partage exigeront, en effet, une délibération du Conseil de famille qui, s'il veut procéder d'une façon sûre et utile, pourra parfaitement exiger, dans le partage, l'intervention d'experts et, pour la vente, la preuve d'une publicité préalable permettant aux acheteurs de se révéler. Dans ce cas, aucune taxe ne pourra être imposée aux experts non plus qu'aux journaux et imprimeurs, puisque leur intervention ne sera pas judiciaire.

Il faudra, ensuite, demander l'homologation du Tribunal, qui pourra montrer les mêmes exigences que le Conseil. Toutes ces formalités entraîneront naturellement à des délais et des frais qui n'auront plus la garantie d'une règle fixe.

Au surplus, le projet, tel qu'il pourrait être voté, est loin de la simplicité apparente du texte déposé le 15 décembre 1893.

Son auteur s'est vu dans la nécessité d'augmenter d'une façon importante le nombre des articles qui le composaient.

Il avait, en effet, dans le texte primitif, laissé entièrement de côté un point très important de la question.

On sait que les tuteurs ne peuvent accepter une succession au nom de leurs pupilles que sous bénéfice d'inventaire seulement. Les créanciers de la succession ne sont, par suite, payés que sur les biens dépendant de l'héritage, à l'exclusion de ceux qui sont la propriété personnelle des mineurs. Ils ont par suite, lorsque la succession est insuffisante pour les désintéresser intégralement, le plus grand intérêt à ce que les biens soient vendus dans les meilleures conditions possibles. Or, rien dans le projet originaire n'a pour but de sauvegarder leurs intérêts.

On pourrait comprendre à la rigueur, si l'intérêt du mineur était seul en cause, que le tuteur et le conseil de famille, qui le représentent, et le protègent, soient juges de la situation et, sous le contrôle du Tribunal, soient autorisés à disposer de ses biens ainsi qu'ils le jugeraient convenable. Le mineur serait représenté, imparfaitement peut-être, mais du moins il le serait. Mais, dans le cas d'une succession bénéficiaire, il y a deux parties ayant des intérêts en apparence identiques et en réalité inégaux. Le mineur, si la succession est mauvaise, n'a rien à espérer de sa réalisation ; ses représentants peuvent donc être amenés, dans une certaine mesure, à traiter la vente des immeubles un peu à la légère. Les créanciers bénéficiaires, au contraire, ont le plus grand intérêt à ce que cette opération soit faite avec toutes les garanties possibles, car l'actif de succession constitue leur seule ressource. Il était donc étrange de voir, dans le premier texte, la vente laissée entièrement à la discrétion des représentants du mineur, sans qu'aucune règle de publicité ou autre vînt sauvegarder les droits des créanciers.

L'auteur du projet a compris le danger, et il a cherché à l'éviter en imaginant une double procédure assez compliquée et ne répondant pas, en réalité, au reproche adressé à son premier texte au point de vue des créanciers bénéficiaires.

En premier lieu et avant l'homologation, lorsqu'il s'agit de la vente d'un immeuble dépendant d'une succession bénéficiaire, l'avoué poursuivant devra faire, dans un journal de l'arrondissement ou à défaut du département, une insertion sommaire contenant l'indication des immeubles, le prix et les conditions du contrat, ainsi que l'indication de la succession dont ils dépendent. Même avis sera affiché à la porte de l'auditoire de la justice de paix et à celle de la mairie.

Tout créancier de la succession pourra s'opposer à l'homologation.

En second lieu, à la suite du jugement d'homologation, tout créancier de la succession, hypothécaire et chirographaire, pourra, dans la quinzaine, faire une surenchère du dixième qui sera poursuivie conformément aux articles 709, 710 et 711 du Code de procédure civile.

On trouve ainsi reconstituées, dans le cas des successions bénéficiaires, les formalités supprimées dans le projet primitif, et on peut dire qu'elles sont rétablies d'une façon qui n'est satisfaisante à aucun point de vue.

Ce système restituera à la vente les lenteurs qu'on reproche au régime du Code et n'aura pas pour conséquence de sauvegarder les intérêts des créanciers.

L'insertion sommaire faite dans un journal quelconque ne constituera pas une publicité sérieuse et efficace, de nature à attirer les acquéreurs et elle n'aura pas davantage pour résultat d'avertir les créanciers, qui ne pourront apprendre la mise en vente que par l'effet d'un hasard.

Le projet modifié laisse, de plus, dans l'incertitude la question très importante de la surenchère du dixième, qui intéresse au plus haut point les créanciers hypothécaires.

Actuellement, les créanciers inscrits sur un immeuble sont nécessairement avertis de l'adjudication, par une notification individuelle qui leur est adressée et les met à même de porter une surenchère du dixième.

Cette surenchère spéciale subsiste-t-elle dans le système proposé ? Non, à coup sûr si une seconde adjudication a eu lieu à la requête d'un créancier bénéficiaire, le projet le dit d'une façon précise. Mais si aucune surenchère du dixième n'est portée dans la quinzaine de l'homologation, devra-t-on faire quand même les notifications spéciales aux créanciers et conservent-ils leur droit à une surenchère du dixième ? le texte ne le dit pas.

On voit qu'un préjudice certain sera causé aux créanciers hypothécaires, lorsqu'une surenchère du dixième sera portée dans la quinzaine de l'homologation. Ils ignoreront cette nouvelle mise en vente, à moins que la publicité ne la leur apprenne.

Quant à leur situation, si aucune surenchère n'a lieu dans ce délai, elle est probablement la même, et l'auteur du projet a sans doute l'intention, dans cette hypothèse comme dans l'autre, de supprimer les notifications et la possibilité d'une surenchère qui en est la conséquence.

Il est, au surplus, un cas où le système de protection proposé au profit des créanciers ne pourra pas fonctionner, c'est lorsque l'immeuble dépendant de la succession bénéficiaire aura fait l'objet d'un échange, opération que le tuteur aura le droit de faire aux termes du projet modifié.

Comment, dans cette hypothèse, les droits des créanciers bénéficiaires pourront-ils être sauvegardés ? La garantie de la surenchère disparaît d'une façon complète.

On comprend d'ailleurs difficilement que la procédure de la succession bénéficiaire soit ainsi transformée, dans le cas où l'acceptation a été faite au nom d'un mineur, et qu'elle subsiste dans ses conditions actuelles, lorsque l'héritier bénéficiaire est majeur.

En résumé, le système, même modifié, parait bien peu applicable et manque même de précision.

Il supprime, on peut le dire, la protection des mineurs et, comme conséquence, celle des interdits, et cela d'une façon absolue.

Il méconnaît les droits qui appartiennent aux créanciers des successions bénéficiaires et spécialement aux créanciers hypothécaires, et, malgré ces sacrifices considérables et en réalité inutiles, ainsi qu'on va le voir, il contient encore des formalités presque aussi compliquées et coûteuses que celles en vigueur.

Enfin, il a pour conséquence de modifier plusieurs chapitres du Code de procédure civile dans des conditions mal déterminées.

Il reste à rechercher si les critiques adressées au régime du Code et qui ont provoqué cette proposition de loi sont fondées, et s'il est nécessaire, pour remédier aux inconvénients qu'elles combattent, de bouleverser le Code civil et le Code de procédure.

Il est tout d'abord certain que la protection des mineurs et interdits est indispensable et que les formalités édictées par le Code sont nécessaires pour l'assurer. Les conséquences auxquelles se trouve amené l'auteur du projet montrent que, sans même obtenir une protection efficace, on ne peut réduire ces formalités d'une façon sensible.

Les lenteurs qu'entraînent ces formalités sont donc inévitables.

Reste la question des frais.

Peut-on en diminuer le chiffre en maintenant le système actuel de protection ?

M. Georges Michel a, dans une étude très précise, démontré que l'application rigoureuse et au besoin l'extension des lois existantes suffiraient pour assurer ce résultat.

Quelles sont, en effet, les ventes immobilières sur lesquelles les frais pèsent lourdement ? Ce sont, sans contredit, les ventes de petites propriétés.

Certains droits sont, en effet, les mêmes quelle que soit l'importance des immeubles, et l'étendue des insertions légales ne varie pas nécessairement suivant les mises à prix.

Cette situation a déjà préoccupé le législateur et, parmi les lois déjà signalées à propos de la réduction des droits de mutation, celle du 23 octobre 1884 est la plus importante.

Aux termes de cette loi, l'Etat doit restituer les droits de timbre et d'enregistrement, dans toutes les ventes judiciaires dont le prix d'adjudication définitive reste inférieur à 2.000 francs.

En même temps, lorsque ce prix est au-dessous de 1.000 francs, l'obligation de restituer existe pour les agents de la loi jusqu'à concurrence du quart de leurs émoluments.

Quelles ont été les conséquences de cette loi ?

Il est assez difficile de s'en rendre compte d'une façon précise, car il faut, pour y parvenir, recourir aux statistiques, qui, parfois, dans leurs résultats, ne donnent sur les questions que des renseignements inexacts, les différents éléments qui concourent à leur établissement n'ayant pas toujours été établis dans des conditions identiques.

Les chiffres cités par M. Georges Michel indiquent que, dans le ressort d'Angers, par exemple, la moyenne des frais pour les ventes de 500 francs est de 55 0/0, tandis qu'à Bastia elle atteint 272 0/0.

Ces chiffres prouvent peut-être que les restitutions prescrites par la loi ne sont pas faites d'une façon régulière dans le ressort de Bastia, alors qu'elles ont lieu dans celui d'Angers ; mais il est également fort possible que la différence qui existe entre eux provienne d'une autre cause : Les greffiers chargés de fournir les renseignements de statistiques indiquent vraisemblablement le chiffre originaire des frais, sans tenir compte des restitutions opérées.

Quoi qu'il en soit, la première précaution à prendre serait de veiller à la stricte observation de la loi de 1884 dans les termes précis où elle est rédigée, sans oublier aucun des agents de loi pour les restitutions à opérer dans les adjudications inférieures à 1.000 francs.

M. Georges Michel fait remarquer que les conservateurs des hypothèques, qui figurent pour un chiffre élevé dans les états de frais, ne semblent pas opérer jamais la restitution à laquelle ils sont tenus.

Il serait, en second lieu, utile au moment de la mise en vente, d'informer d'une façon précise et efficace les acheteurs de la restitution éventuelle. On obtiendrait ainsi un double résultat au point de vue des enchères elles-mêmes, qui pourraient s'élever en proportion, et aussi au point de vue de la restitution, que l'acquéreur définitif réclamerait le cas échéant.

Enfin si la loi, dans les proportions où elle existe, parait insuffisante, rien n'empêche de l'étendre sans modifier le principe.

M. Bovier-Lapierre propose d'en faire porter les effets sur toutes les adjudications inférieures à 5.000 fr. ; l'idée peut être bonne.

On pourrait, si on le juge convenable, augmenter le *quantum* de la restitution imposée aux agents de la loi, ce qui amènerait une réduction très sérieuse des frais ; imposer des sacrifices plus importants que ceux prévus par la loi de 1884 aux journaux judiciaires chargés d'insérer les annonces légales.

La voie si nettement indiquée par M. Georges Michel est on ne peut plus facile à suivre et donnera des résultats qu'on peut à l'avance calculer. La loi de 1884 est un instrument merveilleux, dont il est possible de varier les effets à son gré et dont le fonctionnement n'a jamais entraîné et ne pourra dans un aucun cas entrainer aucune difficulté.

Enfin, à l'inverse du système présenté dans le projet, l'extension de la loi de 1884 n'amènerait aucune désorganisation, ni dans le Code civil, ni dans le Code de procédure. Elle assurerait le maintien de la protection des mineurs et interdits, tout en répondant victorieusement à toutes les critiques formulées contre les difficultés qu'entraine cette protection nécessaire.

PAUL DE BOULONGNE,
Avocat à la Cour d'appel de Paris.

15.534. — Lyon. — Imp. Salut Public, rue Molière, 71.

www.ingramcontent.com/pod-product-compliance
Lightning Source LLC
LaVergne TN
LVHW012026170826
845678LV00004BA/1651

* 9 7 8 2 3 2 9 6 1 5 9 6 7 *